ÉTUDE

SUR LES

TIRAILLEURS ALGÉRIENS

UTILITÉ QUE L'ON POURRAIT TIRER DE LEURS APTITUDES
EN LES FONDANT AVEC LES RÉGIMENTS DE ZOUAVES ET LE
RÉGIMENT ÉTRANGER POUR LA CRÉATION D'UN BATAILLON
D'ÉCLAIREURS PAR CORPS D'ARMÉE

PAR A. MATTEI

CAPITAINE AU 124ᵉ RÉGIMENT DE LIGNE

PARIS

CH. TANERA, ÉDITEUR

LIBRAIRIE POUR L'ART MILITAIRE ET LES SCIENCES

Rue de Savoie, 6

1873

ÉTUDE

SUR

LES TIRAILLEURS ALGÉRIENS

PUBLICATION DE LA RÉUNION DES OFFICIERS

ÉTUDE

SUR LES

TIRAILLEURS ALGÉRIENS

UTILITÉ QUE L'ON POURRAIT TIRER DE LEURS APTITUDES
EN LES FONDANT AVEC LES RÉGIMENTS DE ZOUAVES ET LE
RÉGIMENT ÉTRANGER POUR LA CRÉATION D'UN BATAILLON
D'ÉCLAIREURS PAR CORPS D'ARMÉE

PAR A. MATTEI

CAPITAINE AU 124ᵉ RÉGIMENT DE LIGNE

PARIS

CH. TANERA, ÉDITEUR

LIBRAIRIE POUR L'ART MILITAIRE ET LES SCIENCES

Rue de Savoie, 6

1873

AVERTISSEMENT

Cette étude est un travail de longue haleine, résultat de quinze années de pratique dans les tirailleurs, d'observations sérieuses recueillies dans tous les grades (de simple tirailleur à ancien lieutenant) avec l'intention de les écrire le jour où, éloigné des tirailleurs algériens, nous pourrions les reproduire sans crainte d'être accusé de partialité.

Il dépeint fidèlement les qualités des tirailleurs, il signale, autant que possible, les améliorations qu'il y aurait à faire dans les corps indigènes et le parti que l'on pourrait tirer des aptitudes de ces hommes de fer si on les mêlait aux régiments de zouaves et au régiment étranger.

Leur fidélité au drapeau de la France et le sang qu'ils ont versé sur tous nos champs de bataille, surtout pendant nos derniers désastres, les ont fait apprécier par notre armée, où désormais leur place légitime est à côté de nos meilleurs régiments français.

L'ensemble des règlements de tirailleurs, qui était, il y a vingt ans, en parfaite harmonie avec leur institution primitive, a été rompu par les améliorations successives qu'ils ont subies vers leur assimilation aux troupes nationales.

Ainsi ils étaient, au début, liés au service sur leur simple demande et le consentement du chef de corps, tandis qu'on les incorpore aujourd'hui au moyen d'engagements volontaires. Ils logeaient chez eux ; on les a casernés. Enfin on les a soumis à l'ordinaire, on les a obligés au célibat, et l'on exige que les officiers indigènes prennent leurs repas avec les officiers français.

Nous n'avons pas la prétention d'avoir toujours raison dans nos assertions, mais nous avons la ferme conviction que la France pourrait tirer un grand parti des troupes indigènes en leur donnant un plus grand développement, des règlements et des cadres, comme l'entendent tous les officiers qui ont bien étudié l'organisation de ces régiments, tant au point de vue politique qu'au point de vue du service.

ÉTUDE

SUR

LES TIRAILLEURS ALGÉRIENS

I. — ORIGINE DES TIRAILLEURS ALGÉRIENS

Les tirailleurs indigènes, plus généralement connus sous le nom de turcos, ont été institués par ordonnance royale du 21 mars 1831, sous le nom de zouaves, en arabe zouaoua, nom que portent les tribus de la grande Kabylie, les plus fières, les plus intrépides et les plus indépendantes de toutes les confédérations kabyles.

Leur soumission ne fut complétement achevée qu'en 1857, par Son Excellence le maréchal Randon, qui bâtit le fort Napoléon au cœur même de la grande Kabylie.

Arabes de la plaine, Kabyles de la montagne, furent enrôlés avec les premiers volontaires de la Charte, que le gouvernement dirigea sur l'Afrique pour grossir les deux bataillons de première création, dont les brillants exploits devaient bientôt les faire connaître et admirer (1).

Commandés par des officiers et des sous-officiers français, tous volontaires, jeunes, pleins d'énergie et de courage, animés du meilleur esprit militaire, nos zouaves débutent le 17 novembre 1830, par l'expédition de l'Atlas, commandée par le général Clausel (2). Nous ne nous proposons pas de faire le récit de leurs faits d'armes, leur histoire est liée à celle des zouaves français jusqu'au 7 décembre 1841, époque à laquelle les indigènes furent organisés et administrés séparément (3).

Au combat, partout où les zouaves se sont couverts de gloire, leurs frères adoptifs ont marché côte à côte avec eux et ont toujours dignement soutenu la réputation de leur souche, qui reçut son baptême de feu au col de Mouzaïa, le 2 juillet 1831.

---

(1) Les capitaines Maumet et Duvivier commandaient ces deux bataillons ; la plus grande partie des indigènes étaient des Zouaoua.

(2) Voici quelques noms, la plupart sont officiers généraux ou sont tombés valeureusement les armes à la main : Levaillant, Vergé, Mollière, Lamoricière, d'Harcourt, Bessières, de Ladmirault, Maissiat, Barral, Dautemarre, Rose, Bisson, Perigot, Garderens, Bourbaki, Regnault, Renault, Cavaignac, Saint-Arnaud, etc.

(3) Une ordonnance du 7 mars 1833 avait d'abord fondu les deux bataillons de zouaves en un seul, à dix compagnies, dont huit françaises et deux indigènes, ayant chacune douze Français.

Il ne faut pas juger trop sévèrement les quelques fanatiques exaltés qui, dans les premières années de notre conquête, ont tourné quelquefois contre nous l'instruction militaire que nous leur avions donnée, pour obéir à la voix de leurs chérifs qui, le Coran à la main, leur prêchaient la guerre sainte. Ces faits sont rares et ils ne se sont jamais produits qu'isolément.

Il est bon de citer ici le fait suivant :

La 5e compagnie du 2e bataillon du 2e régiment de tirailleurs, commandée par le lieutenant Blanpied, forte de 65 hommes (n'ayant pour cadre français que le sergent-major Berger, un sergent et un caporal), a été surprise à quatre heures du matin, le 8 avril 1864, à Aïn-Bou-Beker (*province d'Oran*), par des milliers de dissidents des Ouled-sidi-Cheik et Harras ; cette compagnie a combattu héroïquement autour de son chef et du commandant de la colonne, le colonel Beauprêtre. Les braves turcos répondirent par des balles aux sollicitations de leurs fanatiques coreligionnaires, qui leur promettaient la vie sauve s'ils consentaient à jeter leurs armes ; tous ont vendu chèrement leur vie ; un seul homme (*un clairon*), criblé de blessures, a pu se traîner jusqu'à Géryville, porter la nouvelle de ce sublime désastre.

Une fois séparés des zouaves, les tirailleurs furent successivement organisés en bataillons provisoires, puis définitivement, sous la dénomination de bataillons de tirailleurs indigènes d'Alger, de Tittery, d'Oran et de Constantine.

En 1855 on créa un bataillon de plus par province. Enfin en 1856 on les organisa par régiments à trois bataillons, et ils sont aujourd'hui à quatre.

Examinons si cette organisation de tirailleurs en régiments, avec les règlements actuels, est bien celle qui convient le mieux aux troupes indigènes, et signalons les inconvénients reconnus par l'expérience d'une foule d'officiers intelligents et bien intentionnés. Cette étude a été présentée à l'inspection générale de 1869; nous n'avions en vue alors, comme aujourd'hui, que l'intérêt de l'armée.

II. — ORGANISATION ET COMPOSITION DES TIRAILLEURS ACTUELLEMENT

Il existe aujourd'hui trois régiments de tirailleurs algériens : le premier est dans la province d'Alger, le deuxième dans la province d'Oran, et le troisième dans la province de Constantine.

Chaque régiment est composé de quatre bataillons à sept compagnies.

Chaque compagnie est commandée par un capitaine français, qui est monté aux frais de l'État et qui a sous ses ordres un lieutenant et un sous-lieutenant français, un lieutenant et un sous-lieutenant indigènes, un sergent-major et un fourrier français, deux sergents et deux caporaux français, quatre sergents et huit caporaux indigènes.

Les régiments n'ont ni musique ni compagnie hors-rang. De la musique, on peut s'en passer, mais il serait très-utile, dans l'intérêt des officiers et des soldats, d'organiser une compagnie hors-rang, en prenant pour base l'effectif des régiments, dans le cas où l'on persisterait à vouloir maintenir les tirailleurs en régiments, chose contraire aux intérêts de la France. (L'organisation en bataillons d'éclaireurs fusionnés avec les zouaves rendrait de grands services à la guerre, ainsi que nous le démontrons plus loin. Cette vieille pensée, que nous avions soumise à l'autorité et à tous nos camarades pendant la guerre d'Italie semble avoir fait du chemin depuis nos derniers désastres.

Quel est en effet l'officier qui a fait longtemps la guerre et qui l'a un peu étudiée dans les livres, qui s'inscrira contre l'utilité de grandes lignes d'éclaireurs lancés au loin?)

Les régiments de tirailleurs n'ont pas de dépôt; chaque compagnie a ses recrues que l'on admet au bataillon au fur et à mesure que leur instruction le permet; dans le cas de mise en route d'un bataillon, la 7° compagnie devient dépôt et reçoit les indisponibles.

Tous les tirailleurs indigènes sont engagés volontaires, mais dans des conditions différentes des soldats français ; nous en disons quelques mots au chapitre *Recrutement et libération*.

Cette organisation en régiments à quatre bataillons a de grands inconvénients, l'organisation en bataillons formant corps, nous paraît préférable à tous les points de vue.

Il n'est guère possible au colonel qui a son régiment dispersé, comme celui de Constantine, par exemple, en quatorze détachements, du littoral au désert, de bien connaître son personnel ; l'administration est fort difficile ; les nombreux mouvements amènent des plus ou des moins perçu considérables ; les envois d'effets, le service de la solde, la correspondance, tout se fait avec une extrême lenteur et de grands embarras.

Quand une guerre éclate, on se hâte de former des régiments ou des bataillons provisoires, comme cela est arrivé pendant les guerres de Crimée, d'Italie, du Sénégal, de Cochinchine et du Mexique ; chacun des régiments a fourni tantôt un bataillon, tantôt deux compagnies, et l'on est arrivé devant l'ennemi avec un esprit de corps que nous renonçons à décrire.

C'est pour des motifs d'homogénéité, de confiance mutuelle et de discipline qu'il conviendrait, ce nous semble, d'organiser les tirailleurs algériens en bataillons ayant leurs magasins sous la main, leur état-major près d'eux, et toujours prêts à marcher tout constitués.

Mais si, pour des raisons qui nous sont inconnues, l'organisation par régiments a sa raison d'être, il conviendrait de dédoubler les régiments et d'en former six à deux ou trois bataillons.

Ne pourrait-on pas former dans chaque régiment une compagnie à part, dite de vétérans, composée de tirailleurs qui, pour cause de blessures ou de vieillesse, sont incapables d'entrer en campagne? purger ainsi les compagnies actives, et confier à ces invalides un service de garnison compatible avec leur âge ou leurs infirmités, qui n'ont pas nécessité leur admission à la retraite?

On a reconnu l'utilité de monter les capitaines de tirailleurs, en vue, sans doute, des fonctions qu'ils remplissent; et ce qui le démontre, c'est que le capitaine trésorier et le capitaine d'habillement ne le sont pas.

Tous les capitaines détachés dans les affaires arabes devraient donc laisser à ceux qui remplissent leurs fonctions au régiment le cheval de la compagnie.

N'est-il pas juste qu'un officier qui commande une compagnie ait à sa disposition les mêmes moyens d'agir qu'avait le capitaine qu'il remplace?

Il arrive souvent, par suite du grand nombre d'officiers français employés dans les affaires arabes, que des sous-lieutenants français sont désignés pour commander des compagnies pour l'*administration seulement*. Le lieutenant indigène, dans ce cas, prend le commande-

ment de la compagnie pour les détails du service. Cette
mesure amène souvent de fâcheuses discussions, qui
n'arrivent pas à l'autorité parce qu'il répugne de récla-
mer ou de se plaindre, mais le service en souffre; il
ne peut y avoir sans inconvénients deux commandants
de compagnie à la fois; il est des rapports intimes entre
l'administration et la discipline. Une punition de
prison, par exemple, amène naturellement la question
de la solde, de l'ordinaire, et par conséquent la question
d'administration, que l'officier français seul peut juger
et trancher.

Le sous-lieutenant français sait administrer et peut
commander une compagnie; le lieutenant indigène ne
le pouvant pas, aux termes du règlement, nous pensons
qu'il serait plus raisonnable que le sous-lieutenant
français la commandât seul dans toutes les positions,
du moins tant que les officiers indigènes seront illettrés.

III. — CARACTÈRE DU TURCO; SES APTITUDES

Le turco est un grand enfant qui s'imagine que de
Marseille à Paris il y a trois étapes, parce qu'il a fait la
route en trente six heures par le chemin de fer; il aime
les poupées, les joujoux, les marionnettes, et apprécie
fort peu les œuvres d'art; c'est ce qui explique cette
impassibilité stoïque, cette indifférence avec laquelle

il traverse Paris sans rien admirer ni rien remarquer.

Paris plaît aux tirailleurs, mais ils ne commencent
à l'apprécier un peu qu'à leur rentrée en Algérie ; alors
ils racontent dans les cafés maures les merveilles qu'ils
ont vues, en les exagérant avec conviction, et ils finis-
sent par regretter leur séjour de la capitale. A l'heure
qu'il est, ils demanderaient tous à aller à Paris.

Le turco est coquet, il aime à faire la *fantasia* au
petit pied et à s'affubler de couleurs voyantes.

Naïf au début, il ne tarde pas à devenir malin au
contact des anciens, des zouaves et des troupes de
ligne, qu'il appelle grand-capotes, et dont il cherche
à copier les défauts et les qualités en commençant par
les premiers et en exagérant les uns et les autres. (Ici
nous ouvrirons une parenthèse pour dire que beaucoup
d'officiers intelligents, qui connaissent bien les tirailleurs, sont d'un avis contraire au nôtre ; peut-être
jugent-ils mieux ! Ils prétendent que l'Arabe est essentiellement malin par nature ; sa naïveté, disent-ils, n'est
pas de bon aloi ; il dissimule pour mieux pénétrer nos
pensées, nos intentions à son égard, afin de mieux nous
tromper. Nous ne sommes pas de cet avis.)

En Italie, nous avons vu les tirailleurs partager leur
pain.et leur tabac avec les prisonniers autrichiens ; par
contre, s'il y a lieu de châtier des ennemis cruels qui
auront commis des atrocités envers les nôtres, le turco

se chargera de la besogne ; il agit alors en véritable enfant du Prophète : malheur aux infidèles qu'il aurait ordre de détruire !

S'agit-il d'exterminer de ses coreligionnaires insurgés, le turco s'en chargera encore avec la même ardeur, mais, cette fois, mû par le désir de donner à ses officiers la preuve de son dévouement à la cause française (l'affaire Beauprêtre, par exemple, où malheureusement ils ont eu le dessous).

Le turco *chaparde* quand il en trouve l'occasion, et fait l'aumône sans ostentation ; il est de toutes les souscriptions en faveur des malheureux ou des camarades. Qui n'a vu les tirailleurs, au départ pour une expédition, heureux de pouvoir jeter quelques pièces de monnaie à un saint homme accroupi devant une kaabba vénérée. Le Coran faisant du reste une obligation de l'aumône, l'Arabe la pratique dès son enfance surtout à l'égard des *Zaouïa.*

Nous appelons l'attention de nos camarades qui connaissent les tirailleurs, sur ce chapitre, car, s'ils sont de notre avis sur les aptitudes des tirailleurs, nous serons vite d'accord sur le parti que l'on pourrait tirer de ces aptitudes.

Les plus grandes qualités des tirailleurs algériens doivent être tournées vers la guerre ; nous leur prédisons un grand avenir si réellement on peut en tirer le parti que nous croyons, car ils supportent tous les climats, ils sont braves, infatigables, ils campent en Romains, sans craindre les fièvres ; s'ils n'ont pas de pain, ils mangeront de l'herbe ou ils feront ramadan jusqu'à nouvel ordre ; intrépides marcheurs, si le soulier les gêne, ils le jetteront dans un fossé et feront la route pieds nus sans se blesser (1).

Dans la mauvaise fortune ils ne se plaignent point ; ils aiment leurs chefs, ils restent disciplinés, obéissants et dévoués ; en un mot, nos tirailleurs d'aujourd'hui sont les Numides de Jugurtha, braves, intrépides, de la plus grande sobriété et bons cavaliers. Cette aptitude a été utilisée au Mexique, où l'on **avait** formé des compagnies à cheval qui ont rendu de bons services.

A la guerre il convient de les lancer par bandes, commandés par des officiers français de la première bravoure, dans lesquels ils ont confiance ; ils se précipitent en poussant des cris épouvantables qui effrayent l'ennemi, quel qu'il soit.

Il est difficile de résister à cette fougue avantageuse quoique désordonnée ; mais il est indispensable de faire soutenir leur attaque par des troupes françaises, coude à coude, derrière lesquelles ils iraient se rallier en cas d'insuccès, car alors ils perdent la tête et ils

____

(1) Les rares traînards qu'on a pu remarquer dans les expéditions sont généralement des recrues qui n'ont jamais porté de souliers et qu'on a mal chaussées.

battent en retraite, effarouchés comme des chevaux arabes qui auraient pris le mors aux dents.

Ils sont sujets à la panique et ils s'y livrent avec plus d'abandon que les soldats français ; cela tient à leur caractère plus ardent que réfléchi et à leur habitude de combattre, bien rendue dans leurs fantasias, par des charges et des retraites précipitées.

En Afrique, ils ne laissent jamais entre les mains des Kabyles leurs camarades tués ou blessés ; ils considèrent, avec juste raison, cette faute comme très-grave, car elle aurait pour résultat d'affaiblir la valeur des combattants (1). Mais en Europe cette qualité est un grand défaut, qu'il faudrait absolument corriger par des théories et des exemples de la dernière sévérité, car le chiffre des combattants s'affaiblirait d'une manière sensible ; tous ceux qui sont restés blessés sur le champ de bataille et qui ont bien observé ce qui s'y passe doivent certainement nous comprendre.

En matière de religion, le turco est indifférent à la pratiquer, sans cesser toutefois d'être fanatique.

L'Arabe, on le sait, fait ses prières en public ; il s'agenouille là où il se trouve, sans s'inquiéter de ceux qui l'observent. Le turco ne le fait jamais ; il boit des liqueurs fermentées et souvent enivrantes ; il mange

(1) Les Kabyles, on le sait, ne font pas de merci ; tout prisonnier est cruellement mutilé avant d'être tué. On finit généralement par lui couper la tête.

l'hallouff (porc) et fait rarement ramadan ; cependant il ne plaisante jamais ses camarades qui, plus scrupuleux, demandent à l'observer.

Dans les régiments indigènes, jamais les tirailleurs ne sont froissés dans leurs croyances religieuses ; aucune pression n'est exercée sur eux ; ils sont complétement libres sur ce point ; le canon français leur annonce, ainsi qu'à tous les Arabes, le lever et le coucher du soleil, et leurs mosquées sont entretenues par nos soins.

IV. — CADRE FRANÇAIS

Nous avons parlé du caractère des tirailleurs indigènes, envisagé sous ses beaux côtés et principalement au point de vue militaire. Toutefois ils n'en sont pas moins Arabes ou Kabyles, aux mœurs et aux coutumes que nous leur connaissons.

On comprendra tout d'abord que quand il s'agit de prendre, pour en faire des soldats, des hommes primitifs, aux tendances fanatiques et aussi éloignés de notre civilisation que le sont les Arabes, il faut certaines aptitudes, et que le premier venu n'est pas fait pour administrer, instruire et conduire au feu de pareils hommes.

Nous nous hâtons de dire que la soumission la plus

parfaite à leurs chefs rend la tâche moins difficile, mais elle n'en est pas moins une rude besogne, qui demande de grands soins, une extrême patience et surtout beaucoup de dévouement.

Les Français qui arrivent pour servir aux tirailleurs, quel que soit leur grade, débutent, en général, par s'engouer de leurs hommes. Leur manière de se tutoyer, la liberté de leurs allures, leurs jeux, leur langage, leur naïveté, tout chez eux porte naturellement à l'indulgence ; on trouve les tirailleurs grands enfants, et presque toujours une raison pour excuser leurs fautes légères, que le roumi (chrétien) ne manque pas de mettre sur le compte de leur ignorance.

Le roumi a quelquefois raison, mais souvent il se trompe, surtout s'il a affaire à un *ouled plaça* (soldat recruté sur les places publiques, fils des places publiques).

Quelque temps après, quand on croit les mieux connaître, qu'on a reçu quelques reproches par leur faute, qu'on a pu remarquer que chez eux la malice dépasse parfois l'ignorance, on finit par tomber, à leur égard, dans l'extrême contraire. On ne constate plus alors que leurs travers, leur maladresse, leur manque d'éducation ; leurs défauts éclipsent leurs qualités, leurs naïvetés sont prises pour des sarcasmes, leur langage même devient insupportable, et l'on finirait, croyons-nous, par les détester, s'il était possible de détester des

hommes qu'on élève pour les mener au combat. On
reste longtemps dans cette opinion extrême, à moins
que des circonstances de guerre ne viennent hâter le
retour à des sentiments plus modérés et plus justes.

C'est en apprenant à les bien connaître qu'on ap-
prend à les aimer. Ceux qui les ont vus infatigables
après de longues journées de marche dans les sables
du sud, souffrant la soif et toutes espèces de privations
sans se plaindre, ceux qui les ont vus à la guerre,
quand la charge sonne, s'élancer, pleins d'ardeur, sous
une pluie de plomb, ont pu les apprécier, et quand on
est sans préventions et que l'on tient compte de leur
race, de leurs mœurs et de leurs coutumes, on ne peut
s'empêcher d'éprouver pour eux une certaine sympathie.

D'après ce qui précède, on devine les aptitudes nécessaires au cadre français (officiers, sous-officiers, caporaux et tirailleurs). Ce cadre devrait être formé avec
un soin tout particulier, car il est l'élément du progrès.

Le rôle du cadre français s'élève à l'importance
d'une mission qui grandit hiérarchiquement; il est
l'âme de l'esprit de corps, le nerf de la discipline, il
exerce sur les indigènes une action puissante. Con-
stamment posé pour modèle devant des hommes arrié-
rés, plus enclins à copier le mal que le bien, le cadre
français doit être composé essentiellement d'hommes
d'abnégation, droits, intelligents, dévoués. Mais si l'on

a de la répugnance pour cette race d'hommes, on ne saurait faire un bon officier ni un bon sous-officier de tirailleurs, on ne saurait parvenir à répandre parmi eux les progrès de la civilisation ni à fusionner leurs mœurs avec les nôtres. Voilà pour la mission. Et maintenant nous demandons à tous ceux qui ont fait la guerre si la confiance mutuelle sur le champ de bataille, cette force morale qui assure le succès, peut exister? On devrait proposer, à l'époque des inspections générales, pour être dirigés dans d'autres corps, les militaires de tous grades qui ne réuniraient pas les aptitudes désirables pour rester aux tirailleurs, surtout ceux qui seraient contraires au développement civilisateur.

Par contre, on devrait tenir compte au cadre français des sacrifices qu'il fait en restant aux tirailleurs. Or l'avancement dans ces corps spéciaux a été beaucoup plus lent que dans les régiments de ligne, par la raison qu'il n'y avait jamais de capitaines retraités, les vieux rentrant toujours en France par permutation avec des jeunes. Le régiment de Constantine n'a eu, depuis sa création, que le capitaine Beaumelle qui ait attendu sa retraite au corps.

V. — CADRE INDIGÈNE

Les officiers indigènes sont choisis parmi les sergents et nommés par décret du chef de l'État. Ils jouissent

de tous les droits dévolus aux officiers français, moins
les avantages qui constituent l'état de l'officier; l'officier indigène est révocable et dans aucun cas il ne peut
commander une compagnie.

Nous ne parlons, bien entendu, que des officiers qui
servent au titre indigène, car toutes les positions sont
maintenant accessibles aux Arabes qui justifient des
connaissances voulues.

L'avancement des sous-lieutenants indigènes est ex-
clusivement donné au choix.

Le cadre indigène est la cheville ouvrière de la compagnie; déjà formé aux exigences du service militaire,
fait à la discipline et aux coutumes françaises, il trans-
met plus directement et plus sûrement aux soldats les
qualités qu'il tient du cadre français.

Le capitaine habile, qui sait tirer parti de son cadre
indigène, arrive en très-peu de temps à former une
bonne compagnie, sans avoir besoin de recourir aux
punitions de prison.

Les officiers et sous-officiers indigènes, en stimulant
le sentiment national, parviennent, par des remon-
trances et des moyens dont ils ont le secret, à corriger
les mauvais soldats par les bons. Le meilleur résultat
qu'un chef puisse obtenir en campagne est certainement la discipline faite et maintenue par les hommes;
les salles de police et les prisons ne sont pas encom-
brées d'hommes exempts de service, qui donnent du

mal à tout le monde et jettent le désordre dans les compagnies ; le désordre d'une compagnie peut se mesurer au nombre des punitions infligées.

Qui n'a pas entendu dire qu'il ne fallait pas faire d'officiers indigènes ?

Cette opinion ne nous paraît ni juste ni généreuse. Des hommes qui versent leur sang à côté de nous et pour notre cause, des hommes de guerre, dont la plupart sont couverts de blessures reçues au service de la France, ne seraient pas faits officiers indigènes parce qu'ils ne savent pas lire dans un livre ou se tenir à table à notre façon !

Loin de partager cette opinion, nous pensons qu'il reste encore quelque chose à faire pour ces officiers.

Peut-on s'empêcher d'admirer les lieutenants indigènes, déjà décorés, qui, sachant bien qu'ils n'avaient aucune récompense à obtenir, sont partis pour la Crimée, ont fait toute la campagne et, s'ils n'y ont pas été tués, sont revenus sans récompenses, avec une ou deux blessures de plus.

Il y en a qui sont allés dans les mêmes conditions en Italie, en Cochinchine, au Mexique et contre l'Allemagne, n'ayant aucun espoir qui stimulât leur ardeur.

De tels officiers ont droit à toutes nos sympathies et à toute la sollicitude du gouvernement.

Un lieutenant indigène qui est déjà chevalier de la Légion d'honneur et qui se distingue à l'ennemi devrait être fait officier de la Légion d'honneur tout aussi bien qu'un kaïd. On pourrait également leur donner des concessions de terrain pour eux et pour leurs familles ou bien des places de kaïd ou de cheiks, vrais moyens d'entretenir l'émulation dans les rangs, et, qu'on le remarque bien, leur manière de servir en garnison se ressent de cet arrêt.

On pourrait exiger du cadre indigène quelques conditions d'aptitudes de plus ; tout officier devrait savoir lire et écrire le français ; à cet effet, il faudrait donner encore plus d'extension aux écoles régimentaires et surtout à l'organisation des enfants de troupe.

Une question mérite d'être étudiée en faveur de l'officier indigène, c'est celle du mariage.

Quelques officiers indigènes, maintenant que la série des retraites commence pour eux, demandent à se faire naturaliser Français au moment de quitter le service, comptant, par ce moyen, donner droit à leurs femmes, en cas de mort, à la partie de la retraite affectée aux veuves des officiers français.

Ne serait-il pas possible d'appliquer à l'officier indigène une loi qui fût compatible avec la loi musulmane et la question de la dot, et qui permît à la veuve d'un officier indigène d'élever convenablement ses enfants ?

VI. — DES RAPPORTS ENTRE LE CADRE FRANÇAIS
ET LE CADRE INDIGÈNE

Nous voici sur un terrain que nous abordons à pas comptés, en demandant pardon à ceux de nos camarades qui ne seraient pas de notre avis, de sauter à pieds joints sur le vieil adage que toutes les vérités ne sont pas bonnes à dire.

La vérité est toujours bonne à dire lorsqu'elle peut faire le bien sans faire le mal.

Nous pensons donc que les rapports entre le cadre français et le cadre indigène ne sont pas toujours ce qu'ils devraient être pour des hommes qui travaillent en commun pour la même cause.

La bonne harmonie, les liens moraux qui devraient unir étroitement les deux cadres, dans l'intérêt du service, des succès au combat et du progrès civilisateur, n'existent point; sans doute il n'est pas fort amusant de jouer du matin au soir le rôle de mentor auprès des indigènes, et un tel dévouement n'est pas de tout le monde, mais il n'est pas moins vrai que la sympathie et le bon esprit de camaraderie ne sauraient exister sans la fusion morale des cadres.

Pour arriver à ce résultat, il ne faut rien moins que de l'abnégation.

Cette nécessité justifie nos assertious sur les qualités
que doit posséder le cadre français.

Si le cadre français savait persuader au cadre indigène d'abord, et aux tirailleurs ensuite, que tout ce
qu'il dit et fait est dans leur intérêt, et qu'il leur témoi-
gnât de l'affection, on ne saurait s'imaginer jusqu'où
irait alors l'esprit de dévouement et de soumission des
indigènes. Le *marabout* le plus influent perdrait son
temps à leur prêcher la guerre sainte.

L'officier français qui a su gagner la confiance des
indigènes peut compter sur eux dans toutes les circonstances.

La puissance morale chez les bons officiers des bureaux arabes qui administrent le pays a plus d'in-
fluence sur leurs kaïds que nos baïonnettes.

Mais si, se souciant fort peu des sympathies du cadre
indigène et des tirailleurs, si, indifférent à la mission
qui lui incombe, le cadre français tient de mauvais
propos contre la nation arabe et exagère les défauts de
leur race; s'il néglige de prêter son concours au cadre
indigène, dont il a le plus grand besoin, il ne doit guère
compter sur lui.

VII. — AVANCEMENT

Il y avait beaucoup à dire sur l'avancement dans les
régiments de tirailleurs, mais depuis que le mode d'a-
vancement a été modifié, les objections ont diminué

en nombre et en importance ; nous dirons cependant
qu'en composant le cadre français d'hommes choisis,
sous tous les rapports, on devrait lui faire quelques
avantages non-seulement sous le rapport de la solde,
comme nous le verrons plus loin, mais même sous le
rapport de l'avancement, en mettant, par exemple, hors
cadre tous les officiers des bureaux arabes qui appartiennent à ces régiments. Nous déplorons que des sous-
officiers, après un long séjour aux tirailleurs, alors
qu'ils ont appris à parler la langue arabe et à connaître
leurs hommes, soient nommés officiers dans des régiments de ligne, tandis qu'ils auraient fait d'excellents
officiers de tirailleurs.

Les avantages de cette mesure (nous les connaissons
parfaitement) peuvent satisfaire la théorie ; mais dans
la pratique les inconvénients sont autrement graves ;
nous ne saurions trop le répéter, il est indispensable
que les tirailleurs connaissent leurs chefs.

VIII. — SOLDE ET MASSES

Le décret organique du 7 décembre 1841 dit que les
officiers de tirailleurs auront droit à la solde de l'infanterie légère en Afrique. Évidemment on a voulu dire
la solde des bataillons d'Afrique, c'est-à-dire la solde
progressive comme la perçoivent les zouaves.

La solde progressive est donnée pour l'entretien ou le renouvellement du matériel de campagne; rien n'est plus rationnel et plus juste que cette solde progressive, à laquelle tous les officiers d'Afrique devraient avoir également droit. Ceux des tirailleurs sont probablement victimes d'une erreur typographique, **car** si la solde progressive est légitimement due, n'est-ce pas surtout aux tirailleurs algériens, qui occupent les garnisons les plus avancées vers le sud, où tout se paye fort cher?

Les officiers indigènes, eux, n'ont pas droit à l'entrée en campagne, parce qu'ils sont natifs du pays, mais, comme nous, ils ont à se pourvoir du matériel de campagne.

Un sergent qui est nommé sous-lieutenant indigène et qui n'a droit qu'à une indemnité de quatre cent cinquante francs de première mise, est un homme qui s'endette au début de sa carrière et qui ne peut plus se libérer, attendu que les officiers indigènes vivent avec les officiers français et qu'ils font les mêmes dépenses.

Il n'y a plus de raison pour que ces officiers n'aient pas droit à l'entrée en campagne comme les officiers français. Dans le temps ils vivaient chez eux à la mode arabe, ils pouvaient, à la rigueur, se tirer d'affaire; mais les nouvelles prescriptions sont arrivées, et c'est ce qui nous a fait dire plus haut que l'harmonie des règlements de tirailleurs est rompue.

Examinons maintenant le tarif de la solde des sous-officiers et des soldats ; en y jetant un coup d'œil, on verra qu'un caporal indigène est mieux rétribué que son sergent-major. Nous nous refusons à écrire les effets produits par cette mesure; en la signalant à l'autorité nous croyons accomplir un devoir. Nous disons cependant qu'il est humiliant pour un sous-officier, qui se présente chez son capitaine avec sa section, pour toucher sa solde, de recevoir un prêt moindre que ses caporaux indigènes. Ces procédés font naître la jalousie et la haine dans les meilleurs cœurs.

L'adjudant avant deux ans touche huit centimes de moins que lorsqu'il était sergent-major.

Puisque les tirailleurs sont des corps spéciaux, que les sous-officiers qui y sont employés doivent remplir des fonctions très-difficiles, qui demandent de plus grandes aptitudes que dans les régiments de ligne, il nous paraîtrait juste que leur solde fût en rapport avec celle de leurs subordonnés.

Cette mesure a dû être appliquée par analogie avec la solde des régiments de zouaves ; mais dans ces régiments, l'anomalie que nous signalons n'existe pas, et dans aucun cas le supérieur ne touche une solde moindre que celle de ses subordonnés.

TARIF DE SOLDE

GRADES		Solde de présence
ADJUDANTS	avant deux ans. . . .	1 90
	après deux ans	2 48
SERGENTS-MAJORS	avant deux ans. . . .	1 08
	après deux ans. . . .	1 98
SERGENTS FRANÇAIS	avant deux ans. . . .	0 70
	après deux ans	1 08
SERGENTS INDIGÈNES		1 25
CAPORAUX FRANÇAIS	avant deux ans. . . .	» 41
	après deux ans	» 60
CAPORAUX INDIGÈNES		1 10
TAMBOURS ET CLAIRONS	français	» 36
	indigènes	» 60
TIRAILLEURS DE 1re CLASSE	français	» 36
	indigènes	» 60
TIRAILLEURS DE 2e CLASSE	français	» 31
	indigènes	» 50

La question des masses est aux tirailleurs ce qu'elle est dans toute l'armée ; il n'est nullement besoin de se livrer à des calculs pour démontrer l'insuffisance de la prime individuelle. On n'a qu'à constater qu'il y a vingt ans les souliers coûtaient 5 fr. 15 et qu'ils se payent maintenant 6 fr. 50; les caleçons coûtaient 1 fr. 65, ils se payent aujourd'hui 2 fr. 75; les chemises, qui coûtaient 2 fr. 30, sont au prix de 3 fr. 40 ; tous les effets payés par le soldat ont augmenté de prix dans ces proportions, et la prime est restée la même. Les commandants de compagnie, pour éviter d'avoir des masses en débet, emploient souvent des moyens qui répandent le mécontentement contre l'autorité. Nous voulons parler des versements *involontaires*.

IX. — HABILLEMENT ET ÉQUIPEMENT

Toutes les fois qu'un changement dans l'habillement, l'équipement et même dans les manœuvres est reconnu nécessaire, toutes les intelligences de l'armée ne devraient-elles pas concourir, par des rapports, à la solution de ces questions mises à l'étude ?

Tous les militaires capables se mêleraient à ces concours, auxquels une commission, dans chaque régiment, serait chargée de présider, afin de ne transmettre à M. le ministre de la guerre que les rapports jugés dignes d'arriver jusqu'à lui. Ce procédé conduirait énormément d'officiers au travail.

L'habillement oriental des tirailleurs est le mieux entendu de l'infanterie. Il est gracieux, original, il ne gêne en rien les articulations et il protége les soldats contre les brusques changements de température. Cependant tous les militaires qui ont porté cet uniforme sont unanimes à reconnaître les avantages de l'ancienne tenue sur la nouvelle.

Nous allons essayer de le démontrer. (Nous avons porté les deux pendant longtemps, en campagne et en garnison.)

L'ancienne veste, au lieu de tresses larges, avait des dessins presque semblables à ceux que l'on porte aujourd'hui, mais en cordon jonquille, beaucoup plus solide, moins salissant et plus agréable à l'œil. Ce cordon conservait toujours sa première couleur, tandis que les tresses n'ont pas cet avantage : la bretelle de fusil dans les manœuvres, les courroies du sac et la moindre poussière les détériorent au premier jour. Nous avons vu des officiers avoir l'idée de faire jaunir ces tresses, ce qui multipliait les couleurs à l'infini, et les tirailleurs, en jaunissant les tresses, ne manquaient jamais de jaunir aussi le drap.

Il est incontestable que l'ancienne veste était préférable à la nouvelle.

Le gilet et le pantalon n'ont pas changé; ils sont fort bien.

Le petit caban à manches qu'on portait autrefois était préférable au petit capuchon actuel. Il était doublé de toile, pouvait servir de second vêtement, et les tirailleurs qui avaient leur veste en réparation pouvaient, à la rigueur, monter la garde avec ce petit caban, qui garantissait fort bien du froid; il était du prix de 16 francs, le capuchon actuel ne coûte que 14 fr. 70, mais il ne rend aucun service.

Quand le vent souffle et que l'on est en route, en faction ou à la grand'garde, loin de tenir chaud, il flotte à tous les vents, il donne les frissons. Il n'est ni manteau (parce qu'il est trop court) ni caban (puis-qu'il n'a pas de manches); il n'est réellement que capuchon, bon à rien; or les soldats, qui n'ont que la veste pour tout vêtement, auraient besoin de quelque chose de plus confortable pour faire campagne.

Quand un homme a le sac sur le dos, avec tente, bidon, couverture, plusieurs jours de vivres et de bois, le capuchon ne sert là-dessus qu'à faire une provision d'eau entre le sac et le cou toutes les fois qu'il pleut.

La ceinture ancien modèle, à franges, faisait une durée triple de celle qu'on porte aujourd'hui. Nous en avons gardé une dix ans, tandis que les ceintures ac-tuelles sont hors de service au bout de deux ans.

Il est vrai que les anciennes coûtaient 8 fr. 75 et que celles-ci ne coûtent que 6 fr. 50; mais l'éco-nomie, pour le soldat, n'existe pas. Jamais un tirailleur n'a usé deux ceintures ancien modèle dans un congé; il en use deux ou trois aujourd'hui. Il serait à désirer que l'on revînt à l'ancienne ceinture, que les spahis n'ont jamais abandonnée.

Quant à la giberne, il est temps de s'en débarrasser;

c'est une boîte à consigne et à salle de police, terreur des recrues et des sergents de semaine à la parade.

Ce qui conviendrait le mieux à toute notre infanterie, ce serait la cartouchière que portaient anciennement les voltigeurs corses. Seulement, comme il faudra désormais porter sur soi plus de cartouches qu'on n'en portait avant l'invention du nouveau fusil, la cartouchière serait munie de cylindres en fer-blanc fort légers, pouvant contenir chacun trois cartouches parfaitement emboîtées.

La cartouchière ferait le tour de la ceinture; elle contiendrait cent cartouches (calcul fait), dont le poids serait également réparti autour du corps. Nous avons fait de très-longues courses, à la chasse, avec une pareille cartouchière sans être jamais gêné.

Quand on aurait brûlé les cartouches de devant, **on** ferait glisser la cartouchière de manière à ramener sur le ventre la partie postérieure, encore garnie.

Une légère pattelette flexible, en basane, préserverait les cartouches.

Au moment du combat, on ouvrirait la cartouchière (on attacherait la pattelette aux boutons de la capote par des boutonnières nombreuses espacées les unes des autres); cette cartouchière, outre qu'elle serait très-commode, permettrait de porter un plus grand nombre de cartouches, et l'on ne risquerait pas d'en perdre durant le combat.

X. — RECRUTEMENT ET LIBÉRATION

En attendant que la loi sur le recrutement soit applicable aux populations arabes, le gouvernement pourra, quand il le voudra, porter le nombre des bataillons à vingt. Pour cela il faudrait perfectionner le mode de recrutement.

Beaucoup d'Arabes se présentent dans les divers détachements occupés par les tirailleurs et demandent à s'engager. Les formalités exigent un certain temps : il faut écrire à la subdivision, il faut écrire à la tribu du solliciteur pour prendre des renseignements, il faut attendre les réponses, etc. Le postulant, ennuyé, las d'attendre et sans ressources, retourne à son douar et ne reparaît plus.

Nous avons été témoin de nombreux cas de ce genre dans diverses localités.

Pour éviter ces retards, sans vouloir toutefois engager les Arabes par surprise, on pourrait prescrire aux kaïds de fournir à leurs administrés qui demandent à s'engager des certificats attestant qu'ils sont dignes de servir dans l'armée.

Munis de ces certificats, les postulants n'auraient plus qu'à se présenter dans un détachement tenu par des tirailleurs ; le médecin de la localité les visiterait, et ils seraient incorporés dans les vingt-quatre heures, par les soins du chef du détachement, chez le fonctionnaire sous-intendant, qui aurait un registre en double expédition, pareil à celui de l'intendant, pour servir à l'enregistrement de l'acte, et tous les mois on enverrait au chef-lieu de la subdivision, pour y être vérifié et parafé par le sous-intendant, un de ces registres, que le commandant supérieur signerait après chaque engagement.

De même qu'on devrait engager dans chaque localité occupée par des tirailleurs, on devrait délivrer les congés de libération, que le conseil d'administration y enverrait, comme cela se fait aux spahis, où le cheval et l'équipement appartiennent à l'homme.

Il ne paraît pas rationnel, par exemple, de faire venir un tirailleur de Biskra à Constantine, distantes l'une de l'autre de près de cinquante lieues, pour lui faire verser un fusil et lui payer sa masse; il devrait pouvoir verser ses armes au petit magasin de son détachement, d'autant plus qu'il pourrait se trouver dans son propre pays ou tout au moins désirer se fixer où il est. Tous ces petits détails d'administration, trop nombreux pour qu'on essaye de les énumérer, démontrent les inconvénients dont l'administration et le personnel souffrent, et qui proviennent de la formation des tirailleurs en régiments et dispersés du littoral au désert.

XI. — PROJET D'ORGANISATION D'UN BATAILLON D'ÉCLAIREURS PAR CORPS D'ARMÉE

L'école militaire des tirailleurs, nous l'avons vu, commence à leur naissance ; leur existence ne ressemble en rien à celle de nos paysans ; plus endurcis qu'eux aux fatigues, ils ont l'avantage d'avoir, avant leur incorporation, plus ou moins guerroyé dans les broussailles, sur des terrains accidentés. Or cette école buissonnière, devenue familière aux zouaves et aux soldats de la légion, a fait des uns et des autres des hommes de guerre incomparables, quoi qu'on en dise.

Les troupes d'Afrique ont les défauts de leurs qualités, et voilà tout. Personne ne leur conteste la bravoure, la sobriété, la facilité avec laquelle ils bivaquent ; ils voient la nuit comme le jour, toutes choses précieuses pour le service spécial d'éclaireurs, que nous voudrions leur voir faire conjointement avec les zouaves et la légion étrangère, car les aptitudes pour faire de bons éclaireurs comportent la connaissance des langues, et les turcos seuls ne rempliraient qu'imparfaitement ce rôle précieux.

On nous objectera que les tirailleurs sont maraudeurs et qu'ils ont bien d'autres défauts ; c'est possible, mais il est certain que la discipline, inculquée par des chefs ayant les aptitudes nécessaires pour commander à de pareils hommes, corrigerait facilement leurs travers.

Pour le moment, constatons les qualités de ces hommes d'Afrique pour lesquels, depuis 1870, on est par trop injuste, et si elles sont admises, voyons immédiatement si l'on ne pourrait pas en tirer un excellent parti, en les fondant avec les zouaves et le régiment étranger, pour la création de bataillons d'éclaireurs.

Chaque corps d'armée aurait son bataillon d'éclaireurs composé d'indigènes, de zouaves et d'étrangers (partant plus d'éclaireurs portant plume au vent).

Nous sommes partisan de cette fusion, d'abord parce que nous avons remarqué bien souvent que nos soldats français et nos indigènes rivalisent de bravoure sous les yeux de leurs officiers, qui généralement font de même, ensuite parce que les indigènes seuls, ainsi que nous l'avons dit, ne rempliraient qu'imparfaitement le rôle d'éclaireurs.

Nous n'avons pas la prétention de faire un règlement complet sur le service des bataillons d'éclaireurs en campagne ; c'est l'œuvre d'une commission composée de maîtres ; mais nous pensons que la base de cette ordonnance doit sortir tout entière de la guerre de partisans, faite avec audace et énergie.

Chaque bataillon d'éclaireurs, devant faire un service

très-pénible, se composerait de six compagnies de 250 hommes chacune et d'un cadre qui serait à peu près ainsi composé :

DÉSIGNATION DES GRADES	Offic.	Chev.	Mulets	OBSERVATIONS
LIEUTENANT-COLONEL OU COLONEL.	1	2	1	
CHEFS DE BATAILLON { aile droite. . / aile gauche. (	2	4	2	
ADJUDANTS MAJORS (avec leur chef de bataillon).	2	4	»	
CAPITAINES.	6	6	12	(12 mulets pour tous les officiers français et indigènes.)
LIEUTENANTS FRANÇAIS.	6	»	»	
LIEUTENANTS INDIGÈNES.	6	»	«	
SOUS-LIEUTENANTS FRANÇAIS	6	»	»	
SOUS-LIEUTENANTS INDIGÈNES. : . .	6	»	»	
DOCTEURS.	2	2	2	(2 cantines d'ambulance, aile droite, aile gauche.)
TRÉSORIER ET OFFICIER D'HABILLEMENT. . . . , ... , ...	2	1	1	
TOTAUX. . . .	39	19	18	(Plus quelques mulets de cacolets.)

Les officiers et sous-officiers, tous volontaires, seraient choisis avec le plus grand soin parmi les plus déterminés, les plus robustes, les plus intelligents.

Les compagnies, bien qu'ayant un effectif de 250 hommes se fondraient bien vite à la guerre avec un service aussi pénible ; le général commandant en chef, alimenterait donc lui-même son bataillon d'éclaireurs au fur et à mesure des pertes.

Ce bataillon serait sous les ordres directs du général commandant en chef le corps d'armée, qui serait journellement tenu au courant des points occupés par les compagnies (1).

Les compagnies, déployées en éventail, marcheraient toujours en avant ; elles iraient occuper hardiment, très-loin, tous les points importants des routes, hauteurs, défilés, gares etc.; les hommes ne camperaient jamais ; munis d'une hachette, ils se feraient des abris.

Les éclaireurs de cavalerie, se sentant appuyés, feraient mieux leur service.

Les capitaines auraient une grande initiative ; ils nourriraient leurs hommes sur place, au moyen de bons de réquisition.

Une discipline de fer contre la maraude, beaucoup de récompenses pour les bons services.

Le commandant du bataillon d'éclaireurs, rencontrant l'ennemi, ferait immédiatement avertir le général commandant en chef, ferait reculer les mulets de bagages et occuperait avec une ou plusieurs compagnies les points les plus avantageux pour faire une résistance opiniâtre, soit pour attendre des renforts, soit pour donner le temps au général de prendre toutes ses dis-

---

(1) Dans des cas urgents, les chefs de bataillon et, au besoin, les capitaines eux-mêmes, enverraient directement des rapports au général commandant en chef.

positions de combat. Dans tous les cas les tirailleurs disputeraient pied à pied le terrain et iraient, au besoin, plus avant, si les positions étaient plus avantageuses pour des fantassins (1).

On trouve quelquefois des positions où l'artillerie et la cavalerie les mieux exercées seraient incapables de déloger une bonne compagnie d'éclaireurs ; ces positions, il faudrait les garder à outrance jusqu'à ordres contraires.

En cas de retraite ordonnée ou forcée, les compagnies iraient d'elles-mêmes se mettre sous les ordres du général commandant la réserve ; ceci une fois pour toutes et pour que chacun sache toujours ce qu'il a à faire dans la confusion des batailles, lorsque des ordres formels de ceux qui commandent n'arrivent pas.

On pourrait aussi au moment d'une bataille, s'ils n'ont pas trop souffert, employer les tirailleurs à la garde de l'artillerie la plus exposée, prescriptions que le général commandant en chef seul ordonnerait.

De tels bataillons, déployés à de grandes distances en avant de leurs corps d'armée, augmenteraient certainement la confiance des généraux et le moral des troupes, qui jouiraient en même temps d'un meilleur repos.

C'est pour ces motifs que nous sommes partisan

---

(1) Il faudrait faire pour les tirailleurs une instruction spéciale, travail au-dessus de nos forces.

d'éclaireurs spéciaux et de *réserves spéciales*, malgré tout ce que nous avons lu de contraire dans différentes brochures et principalement dans celle qui traite des spécialités dans l'infanterie et à laquelle nous allons répondre l'histoire à la main.

Nous regrettons que dans cet ouvrage, si bien rédigé, les corps d'Afrique soient amèrement critiqués.

L'auteur semble n'avoir envisagé que leurs défauts, communs à toutes les troupes qui restent longtemps en campagne, sans tenir aucun compte de leurs qualités ni de leur passé. Au contraire il demande à passer l'éponge sur le passé ; comme si l'on pouvait effacer l'histoire écrite à coups d'actions d'éclat commises sur tous les champs de bataille de notre temps !

Nous avons vu débuter plusieurs régiments dans des expéditions *sérieuses* de la Kabylie, et c'est en les voyant faire, à quelques années d'intervalle, tant en Afrique qu'en Europe, que nous avons acquis cette certitude que pour faire un certain service à la guerre, donner, par exemple, un grand coup de collier ou tenir ferme dans un moment donné, soit avant, soit pendant, soit à la fin d'une bataille pour achever la victoire ou couvrir une retraite en prévenant un désastre, il faut des corps de réserve solides, éprouvés, possédant la science du coude à coude. C'est l'opinion de tous les grands hommes de guerre de tous les temps, et les inventions du télégraphe, des chemins de fer, des armes à tir rapide, ne changeront rien à cette vérité, qui durera tant que dureront les dissensions humaines.

Ce qui était vrai de près est vrai d'un peu plus loin, et voilà tout. Nous aurions dû faire la guerre en 1870 comme toujours... avec audace !

Toutes les batailles de Napoléon (que la garde ait donné ou non), la guerre de Crimée, la campagne d'Italie, aussi bien que la bataille de Marathon, confirment notre opinion.

Si le maréchal de Mac-Mahon avait eu quinze ou vingt mille hommes de troupes de réserve, composées comme nous l'entendons, il aurait vaincu sur la frontière ou tout au moins il aurait pu garder la ligne des Vosges.

Que les résultats eussent été différents ! Cyrus comparait ses hommes d'élite, qu'il mettait en quatrième ligne pour contenir les autres, aux fondements d'une maison.

Ce qui était vrai à cette époque, nous le répétons, est vrai aujourd'hui, nous le prouverons prochainement.

FIN

TABLE DES MATIÈRES

872 — Paris. Imp. A. Dutemple, rue des Canettes, 7.

LECOMTE. — Études d'histoire militaire, antiquité et moyen âge. 1 vol. in-8° . . . . 5 fr.

LECOMTE. — Études d'histoire militaire, temps modernes jusqu'à la fin du règne de Louis XIV. 1 vol. in-8°. . . . . . 5 fr.

LECOMTE. — Guerre de la Prusse et de l'Italie contre l'Autriche et la Confédération germanique en 1866; relation historique et critique. 2 vol. grand in-8° avec cartes et plans. . 20 fr.

LECOMTE. — Guerre de la sécession; Esquisse des événements militaires et politiques des États-Unis, de 1861 à 1865. 3 vol grand in-8° avec cartes. . . . . 15 fr.

LECOMTE. — Le général Jomini, sa vie et ses écrits. Esquisse biographique et stratégique. 1 vol. in-8° avec carte. 7 fr. 50

LIBIOULLE. — Le revolver Galand, nouveau système à percussion centrale et extracteur automatique. Br. in-8° avec fig. 1 fr.

LULLIER. — La vérité sur la campagne de Bohême en 1866, ou les quatre grandes fautes militaires des Prussiens. Br. in-8°. 1 fr.

MANGEOT. — Traité du fusil de chasse et des armes de précision, nouvelle édition. 1 vol. in-8° avec figures dans le texte, et planches . . . . 5 fr.

MARNIER. — Souvenirs de guerre en temps de paix : 1793, 1806, 1823, 1862, récits historiques et anecdotiques extraits de ses Mémoires inédits. 1 vol. in-8°. . . . . 3 fr.

MOSCHELL. — De l'effet du tir à la guerre et de ses causes perturbatrices. Br. in-8°. . . . . 1 fr.

ODIARDI. — Des nouvelles armes à feu portatives adoptées ou à l'étude dans l'armée italienne. Br. in-8° avec planche. . 2 fr.

ODIARDI. — Des balles explosibles et incendiaires. Br. in-8. avec planche. . . . . 2 fr.

PIRON. — Manuel théorique du mineur; nouvelle théorie des mines, précédée d'un exposé critique de la méthode en usage pour calculer la charge et les effets des fourneaux, et d'une étude sur la poudre de guerre. 1 vol. grand in-8° avec pl. 12 fr.

PIRON. — Essai sur la défense des eaux et sur la construction des barrages. 1 vol. grand in-8° avec planches. . . . 6 fr.

PLOENNIES (DE). — Le fusil à aiguille, notes et observations critiques sur l'arme à feu se chargeant par la culasse, traduit de l'allemand par E. Heydt. Br. in-8° avec planche. . . . 3 fr.

QUESTIONS de stratégie et d'organisation militaire relative aux événements de la guerre de Bohême, par un officier général (Jomini). Br. in-8°. . . . . 1 fr.